Pour Olivier, roi de la pêche.
Pour Martin et Angelin, petits apprentis pêcheurs.

A. C.

À Noé et à tous les amoureux de la nature.
À Kurt.

B. P.

Direction : Guillaume Pô
Direction éditoriale : Anne la Fay - Tatiana Delesalle
Édition : Marion de Rouvray
Direction artistique : Sylvaine Beck
Maquette : Raphaël Hadid
Direction de fabrication : Thierry Dubus
Suivi de fabrication : Florence Bellot
Photogravure : SNO

Dépôt légal : avril 2018
ISBN : 9 7827 404 3294 5
MDS : 60793
N° d'édition : M18014
Imprimé en Pologne chez Dimograf

Une collection animée par Séverine Vidal

ROMAN dessiné

PÊCHE À L'ARC

Texte : Anne Cortey
Illustrations : Benoît Perroud

MANGO JEUNESSE

Ce matin, l’arc de Tomi a disparu.

Il ne sait pas comment, il ne s'en sépare jamais.
L'idée même de passer une seule journée sans son arc
lui paraît impossible !

Il se met en chasse pour le retrouver
maintenant, tout de suite !

Tomi cherche dans toutes les pièces. Dans les lieux reculés, les coins noirs enfouis sous mille toiles d'araignée, dehors, dedans, dans les cachettes de sa sœur.

Mais l’arc n’est nulle part.

Pendant ce temps, Bob le chien n'a pas bougé du tapis persan. Il ouvre vaguement un œil, admire son maître en pleine activité.

– Pas la peine de t'exciter, tu ne le trouveras pas ton arc. C'est la fille qui te l'a chipé.

— La fille ?
— Celle qui habite de l'autre côté du lac.
— Tu pouvais pas me prévenir avant ?...
Et tu sais comment aller chez elle, au moins ?
— Souviens-toi que, grâce à mon puissant odorat,
je peux me diriger n'importe où.

C'est ainsi qu'ils s'aventurent tous les deux dans la forêt. Le nez au vent, Bob est en tête de leur mini cortège. Mais au fond de lui, il regrette un peu d'avoir quitté son tapis persan...

Il s’arrête de temps en temps,
renifle un coup avant de repartir.

Tomi ne comprend pas comment les chiens fonctionnent mais Bob a l'air de savoir ce qu'il fait. Alors le garçon le suit sans se poser davantage de questions.

Tomi a l'impression d'avoir déjà vu ce buisson rouge…

— On n'est pas déjà passés par là ?

— Peut-être…

— Bob, je croyais que je pouvais compter sur toi, tu es un chien, tu es censé savoir t'orienter.

— Et toi, tu es un mini humain ! répond le chien piqué au vif, tu dois te débrouiller tout seul !

Non seulement ils sont perdus, mais en plus ils sont fâchés.
C'est malin, à présent, un silence pesant règne entre eux.
Soudain un frôlement venu de très haut les fait sursauter.
Un vol de canards en rangs serrés passe juste au-dessus
de leur tête.

— Ils vont au lac ! s'exclame Tomi.
— Pas forcément, répond Bob, perplexe.
— Et c'est toi, le chien au flair extraordinaire, qui me dis ça ! Cette fois-ci, suis-moi !

Plus ils s'enfoncent dans la forêt, plus Bob rumine :
– Ce chemin ne mène nulle part, il n'y a rien ici à part des broussailles et des broussailles.
Mais Tomi n'écoute pas, il marche, sûr de lui, et poursuit sa route dans la même direction.

Peu à peu, le bois s'éclaircit et,
devant leurs yeux, le lac brille.
– On est arrivés !
– C'est pas trop tôt, rouspète le chien.

Tomi ne prête pas attention à la mauvaise humeur de la bête à poils, il veut trouver le canoë, ramer jusqu'à la cabane de la fille et, par dessus-tout, récupérer son arc.

— Viens, on y va !
lui dit le garçon en abordant la descente.

Bob est fatigué, il en a assez de cette randonnée et il regrette d'avoir dit la vérité. S'il n'avait pas révélé le vol de la fille, ils ne se seraient pas retrouvés ici et il dormirait toujours sur son tapis persan.

– Dépêche-toi, Bob ! Qu'est-ce que tu es mou aujourd'hui ! lui dit Tomi, qui est déjà dans le canoë.

Bob le rejoint en grognant,
s'allonge et s'endort aussi sec.

Il ne voit donc pas la cabane qui se rapproche,
ni la fille sur le ponton en train de faire un truc bizarre,
ni la colère de son maître monter, prête à exploser.

Mais Tomi accoste à peine, que déjà une voix l'interpelle :
– Salut !
– Heu, bonjour…
– Au fait, désolée, mais je t'ai emprunté ton arc tout à l'heure. Je pensais te le rapporter après la pêche.

Bob, qui vient tout juste de se réveiller, recommence à râler :
« Dis donc, elle est gonflée, celle-là ! »

Tomi ne quitte pas des yeux son arc.

– C'est quoi ça ?

– C'est une flèche. Quand j'ai atteint un poisson, je le remonte avec la corde.

– Mais c'est un arc pour chasser, pas pour pêcher !

– J'avais pas de canne à pêche...

— Et tu as pris mon arc !
— J'ai promis à mon père, qui adore le saumon, de lui en ramener un ce soir.
Alors, sans qu'il l'ait voulu, une voix s'échappe de la bouche du garçon :
— Mais moi aussi, j'aime le saumon !

Ni une ni deux, la fille tire une flèche, ça fait *plouf* et, très vite, quelque chose remue. Elle saisit la corde et récupère un beau saumon luisant.
— Tiens, en voilà un pour toi, lui dit-elle.

Tomi a les yeux qui brillent mais il ne veut pas lui dire merci, il n'a pas encore digéré ce qu'elle lui a fait :

— Tu aurais pu au moins me demander la permission, non ?

— Tu dormais.

– Peut-être, mais moi, j'ai cherché mon arc partout.
– Ben au moins, c'est grâce à ça que tu es ici, et maintenant, tu peux rapporter du poisson chez toi, continue la fille qui a réponse à tout.

Tomi fait encore un peu la tête.
Aucun des deux ne parle.

Et on entend seulement
les *flic flac* de la vie du lac.

Mais très vite, la fille a une nouvelle prise :
– Tiens, voilà ton arc, je n'en ai plus besoin. Merci pour le prêt.
– De rien…
– Dis-moi, j'aurais un autre petit service à te demander… Tu pourrais m'emmener faire un tour de canoë ? J'adorerais ça !

— Si ça te fait plaisir… lui répond-il en soupirant.

Mais du rose se colle aux joues de Tomi
et un sourire traverse son visage.

Bob est abasourdi : « Il voit une fille, et maintenant il ne pense plus qu'à roucouler… Tous pareils, ces garçons ! »

Ils montent dans le canoë. Bob,
qui s'est allongé au milieu, entend
des murmures, des rires, puis bientôt,
plus rien.

Il est à nouveau sur son tapis persan, et cette fois-ci, c'est décidé, il n'en bougera plus.

Anne Cortey

Je ne me suis jamais dit : Un jour, je serai autrice. Je savais juste une chose, je voulais vivre avec les livres. À 12 ans, j'ai voulu être bibliothécaire, à 14 ans, libraire. À 18 ans, je me destinais à travailler dans l'édition. Quand j'étais étudiante, j'ai travaillé en librairie, j'ai commencé à collectionner des livres jeunesse, à noter des choses ici et là, à penser à des livres... J'ai construit à vitesse d'escargot des petits projets en papier ou en carton. Puis j'ai travaillé comme maquettiste. Je mettais en page des textes d'auteurs pour leur livre à venir. Et un jour, bien plus tard, je me suis enfin dit : Pourquoi pas moi ?

Je ne me souviens pas de l'origine exacte de ce texte, du moment précis où il est né. Mais je me souviens du jour où une amie écrivaine m'a proposé de lui écrire une histoire, rien que pour elle, et pour une collection dont elle allait s'occuper. Je l'ai regardée, étonnée, et j'ai dit oui tout de suite. Ensuite, je ne sais plus trop... Sans doute les récits de pêche au saumon de mon copain d'atelier se sont frayé un chemin jusqu'à mes idées. Et puis, mon voyage au Québec me collait toujours à la peau. Je ne voulais pas l'oublier. Écrire autour d'un de ces lacs que j'ai aimés m'y a aidée.

Benoît Perroud

Je suis auteur et illustrateur depuis 2001. J'alterne les commandes d'illustrations pour différents éditeurs, avec des projets personnels que j'écris et dessine pour la bande dessinée ou les albums jeunesse. Je consacre aussi beaucoup de temps à la peinture sur toile, la sérigraphie ou la linogravure. Après douze années de vie parisienne, je vis aujourd'hui à Besançon.
Quand j'étais enfant, la neige tombait en abondance et faisait notre joie chaque hiver : ski, snowboard, luge, raquettes… les activités ne manquaient pas.

Pour ce livre, je me suis beaucoup inspiré des paysages et des ambiances qui ont bercé mon enfance : les montagnes, les forêts et les lacs du Haut-Doubs, qui ressemblent beaucoup à ceux de l'Amérique du Nord, du Canada ou du Québec.
Pour le personnage de Tomi, j'ai imaginé un trappeur moderne : jean, baskets et chemise de bûcheron, un peu à l'image d'un chanteur et guitariste célèbre des années 90 !

Dans la même collection

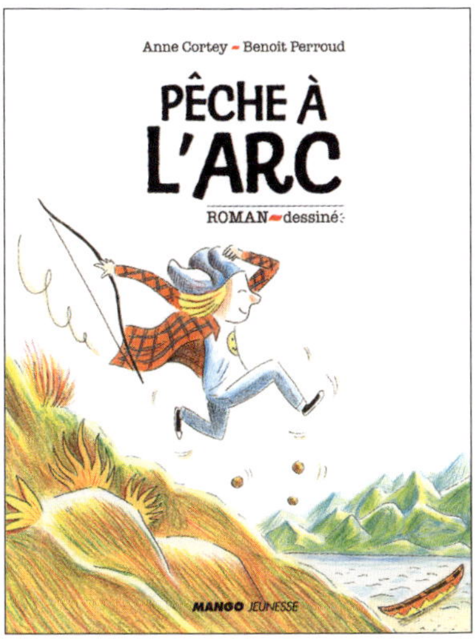

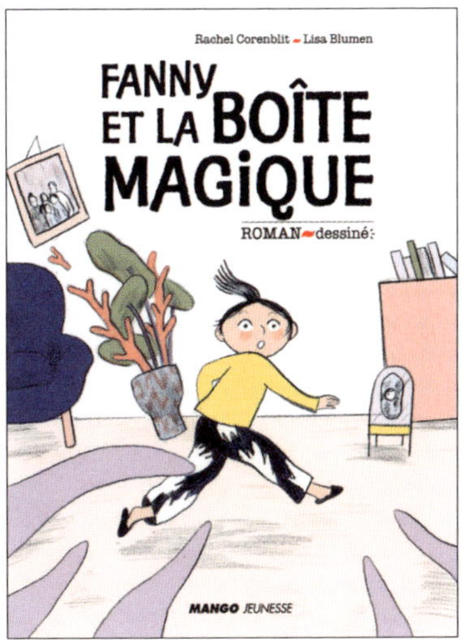